그림자와 함께 살아가는 삶

文園(문원) 이한영 시인

이한영 시집

그림자와 함께 살아가는 삶

도서출판 다선

〈서문〉

고향 찾아
벗과 흘러가는 삶

文園 이한영 시인

우리는 하루에도 수많은 길을 오고 간다. 보이는 이 길도 어제는 어떠했으니 내일의 길은 불확실하다며 수없이 수정하기도 하고, 그냥 지나가기도 하며 개념 없이 가기도 한다. 어제 지나온 이 길은 이미 오늘 이미 이루어진 길이다. 오늘 내어진 길은 오늘 나 자신이 빛 가운데 머물러 있기에 그림자와 벗이 되어 흐르고 있는 삶의 길이다.

삶은 살아서 머무르는 시간에 그림자와 함께 걸어가는 길에 빛이 비쳐서 그림자와 하나가 된 그 시점, 그 시간의 삶이 오늘이란 현실에 오늘 나는 살았다. 오늘 나는 산다. 오늘 나는 살아갈 것이다. 오늘의 과거, 현재, 미래를 생각하면서 삶은 흘러가는 진행형이다. 나는 어제를 오늘에 접목시켜 오늘이 어디에 있는지, 보여지는 오늘 우리의 삶이 어디에 존재하고, 삶이 어디에 있는가? 오늘 우리는 많은 것을 눈으로 보고 있지만 보지 못하고 지나치고, 귀로 듣고도

듣지 못하고 흘려보내고, 입으로는 많은 말을 하지만 무슨 말을 하였는지도 모르고 지나치는 오늘 나의 마음은 돌처럼 굳어져 있어서 오늘 나의 존재의 가치에 드리운 빛의 그림자를 바라보지 못하는 것은 아닐까 생각해 본다.
나를 찾아서 나서는 길에 주어지는 삶의 연속성인 오늘 선인들의 삶의 모습에서 오늘 나의 모습을 바라보며, 흐르는 오늘 이 시간 내일의 내 모습을 비춰 본다.
선인들이 남긴 많은 책 속에 드려진 본향(고향), 근본을 찾아서 가는 길, 내 본향으로 가는 길에 내 안에 길이 있고, 나 자신으로부터 벗어나는 길이 내가 나아가야 할 나의 길이다.
오늘 살아가는 길에 나를 보고, 느끼고, 자신을 깨달아 가는 자신이 살아가는 자신 삶의 길이 자신의 자아의 길을 가다 보면 길 위에 길이 있다.
길은 다른 곳에 있는 것이 아니라 오늘 살아가고 있는 이곳에 살아가는 삶의 길에 만나지고 나눔의 길에 머무르듯이 흘러가는 바람결이 되어 흘러가는 길이다.

근본

수천수만 갈래 길이 오늘 흘러들어
하나의 물결이 되어 나에게 흘러오고
빛에 드리운 그림자 벗과 본향(고향) 찾아가는 길

격려사

(사)한국다선문인협회
회장 김승호 시인

한 해가 저물기도 전에 좋은 글로 문학의 씨를 꽃으로 피워내는 귀한 시인의 글을 접하면서 "참으로 준비된 자에게는 기회가 주어진다"라는 옛 성현의 말씀이 틀리지 않았음을 되새기게 됩니다.

또한 좋은 흙이 있는 텃밭에서 건강하고 아름다운 꽃이 자라듯 우리 다선의 가치와 목적에 부응할 수 있는 믿음 역시 좋은 시를 쓰고 성장하는 시인의 텃밭이 되어야겠다는 각오와 사명감을 갖게 되었습니다.

많은 이들이 시인으로 문인이라는 호칭으로 해마다 기하급수적인 성장을 이루고 있지만 사실 작품 몇 점으로 도태되고 마는 현실을 지켜보며, '이건 아닌데' 하는 아쉬움과 안타까운 마음을 갖게 됩니다.

왜 그럴까?

그것은 탐심과 자질 부족이라는 뼈아픈 사실 앞에 직면하기 때문이 아닌가 싶습니다.

더욱이 열심도 노력도 없는 이들에게는 등단이라는 훈장과 명예가 고작 전부인 것이라는 사실입니다.

문원 이한영 시인은 시뿐만 아니라 수필, 시조까지 자신의 역량과 가능성에 끊임없이 도전하는 열정과 성실을 가지고 있었으며, 지도자의 뜻과 생각을 존중하는 마음가짐이 있었습니다.

또한 자신의 생각과 감성을 시와 수필, 시조로 끄집어내는 순수한 성품으로 자신이 살아오면서 느끼고 실천하는 마음가짐이 남다르다는 사실입니다.

원로를 섬기고, 협회의 대소사를 챙기며, 일정과 행사에 열심으로 참여하는 자세는 곧 그 자신의 삶의 태도이며, 상대를 배려하고 존중하는 단체의 긍정적 조건을 38년간 한 직장에서 몸담았던(현대제철) 인생의 반을 통해 화합하고 희생할 줄 아는 믿음과 신뢰에서 기반된 것이 아닌가 싶습니다.

오늘 시인이 원하던 제2집(한글과 영문판 시집)을 발간하게 되면서, 남다른 감회가 새롭습니다.

그러나 이것이 또 다른 시작점이라는 생각이 듭니다.

문원 이한영 시인의 새로운 인생이 오늘부로 더욱 발전하고 정진하는 문학인으로 굳건히 성장하리라는 믿음과 신의가 느껴집니다.

끝으로 진심으로 축하드리며, 대한민국의 시인으로서 문학인으로서 삶의 마지막까지도 또한 독자들에게 잊히지 않고 언제까지나 문인으로 남는 삶을 영위하시길 축원합니다.

차례

1장

2장

3장

1장

⋮

가슴의 숨소리 / 가을 산길 / 가족
갈잎 / 겨울 새벽길 / 결혼식
고향 / 그리움 / 그림자 벗의 길
그림자의 길 / 기다림의 시간 / 기도
나 / 나의 길 / 내일의 빛을 본다
늙은 전기로 보수 / 단풍잎 / 담금질
떨어지는 낙엽 / 목련

가슴의 숨소리

가슴속이 답답하다
깊은 한숨만이 내쉬어진다
심연에 깊은 곳이 막혔나 보다
깊은 들숨과 날숨만이 깊고 넓게 내쉬어진다

머릿속은 공허함에 먼 곳을 바라본다
마음은 꽉 막혀 답답함에 터질 것만 같다
나에게 최면을 걸면서 기쁜 마음으로 출근하여 일을 하는데
일은 술술 잘 풀리고 부딪히는 것도 없는데
깊은 내면의 깊은 숨소리는 어디서 오는 것일까

가슴은 답답함을 느끼는데 일상의 평온한 느낌은 뭐지
생각도 삶의 여건도 변함없이 흘러가는데
책을 펼쳐보지만 공허함 속에 쏟아지는 잡념에 집중력이
무너지고
무엇인지 잡아낼 수 없는 잡념의 근원은 무엇인가

순환하듯이 가슴의 답답함이 밀려왔다 밀려간다
오늘도 밀려오는 이 깊은 숨소리의 근원은 어디일까

찾으려 하면 할수록 더욱 깊은 내면의 숨소리만 남아 있다

나의 나도 모르는 집념 아니면 집착을 벗어 버리려
가슴으로 밀려오는 깊은 숨소리가
마음의 문을 울리는 공허한 메아리였으면 좋겠다

The sound of breathing from one's chest

I feel a pressure on my chest.
I can only sigh deeply
I think the deep end of the abyss is blocked
Only deep breathing and breathing sounds are deep and wide

In my head, I look far away in the emptiness
My heart is suffocating with frustration
I hypnotize myself to go to work happily, and when things go well and there's nothing to bump into, where does this deep inner breathing come from

It's frustrating, but what's the tranquility of everyday life
The thoughts and conditions of my life still flow
I opened the book, but I couldn't concentrate because of empty thoughts
What is the source of this inexplicable misconception

I feel frustrated and frustrated again
What's the source of this deep breath that's coming from today
The more I try to find it, the deeper my breath will be

To get rid of the obsession or obsession that I don't know
The deep breath that comes into my heart
I hope it's an empty echo that rings the door of my heart

가을 산길

갈 햇살에 깊어오는 시름을 벗어내기 위해 산길을 걷는다
마음을 잃어 갈 곳을 잃은 가을날
깊은 계곡에 떨어져 흐른 낙엽처럼
오색의 깊은 산길을 걷는다

깊은 골에서 울리는 새소리
흐르는 물결 따라 흘러가는 잎새
바람이 흐르는 대로 걷는다
이 내 마음은 어디로 가는가

An autumn mountain path

I walk down the mountain path to get rid of the deep
anxiety of the sun to go
A day in autumn when I lost my heart and lost my place
Like fallen leaves in a deep valley
Walk down a mountain path of five colors

the sound of birds ringing in the deep valley
a leaf that flows with a flowing wave
walk as the wind blows
Where does my heart go

가족

하나하나 다른 틀 속에 흩어져 살다가
둘이 만나 둘이며 하나가 되고
하나이며 둘인 하나의 가정

둘이 한 이불 속
한 울타리 안에 셋이 울타리 안에 하나가 되고
한 울타리 안에 늘고 늘어 가는 가족의 삶

하나에 피어나는 세월의 흔적들이 가슴에 담겨
셋 바람에 푸른 솔향기 가슴으로 내밀어 솔향기 담아
내리는 하얀 눈 솔가지 이불 삼아 덮으려 하니
비가 되어 이불자락 거두어 가는구나

소록소록 쌓이는 하얀 세상이기를 소원하였는데
바람에 흐르는 구름처럼 내어지는 길
오늘 하루 내 삶의 자락 그대로 내어놓고 가네

Family

Each person lives in a different frame,
and then two meet and become two or one,
one family, become one and two at the same time

Under the same blanket
The three in one fence become one in the fence,
the increasing and increasing life of a family within a fence

The traces of time that bloom in one are in my heart
Three, hold out the blue pine scent in the wind to your chest and put in the pine scent
I'm trying to cover myself with a blanket of white snow
It's raining and I'm taking the bedclothes away

I wished that it would be a white world that piles up
a path flowing like a cloud in the wind
I'm leaving the foot of my life as it is today

갈잎

바람소리에 구름은 비켜
햇살을 드러내고
햇살은 갈잎에 내려앉아
갈잎이 익어 홍갈색 옷을 입네

홍갈색 갈잎 넋 놓아 숲을 보니
바람은 갈잎을 떨구어
길을 내어놓고
나보고 가라 하네

갈잎 바스러지는 소리에
길동무들이 깨어나는 소리
함께 벗이 되어 걸어가면
바스러지는 소리에 봄이 오는 소리

Brown leaves

The sound of the wind is moving the clouds away
in the sun
The sun fell on the brown leaves
The brown leaves are ripe and dressed in reddish brown

When I looked at the forest with reddish brown leaves
The wind drops the leaves of the brown leaves
on one's way
They're telling me to go

at the sound of leaf crumbs
the sound of street companions waking up
If we walk together as friends
the sound of spring approaching at the sound of crushing

겨울 새벽길

어둠 속 영롱한 달빛 따라
하얀 꽃잎이 가지에 내려앉아
내 가는 길 위 순백의 도화지
내 한 점 길을 내어주는 새벽

겨울 새벽 시려오는 두 손 모아
해맑아지는 눈길을 따사로운 마음의 미소를 담아
내 마음이 해맑아지는 새벽길
바람 따라 숨을 쉬며 새 길 새 꿈

오늘 사랑의 빛이 하늘의 모닥불처럼
붉고 노랗게 포근히 감싸 안아 피어나는 온기
겹겹이 쌓여 있는 눈길
내 마음이 해맑아지는 새벽길

The dawn of winter

Following the brilliant moonlight in the dark
White petals fell on the branch
pure white paper on the way
Dawn that shows me the way

We gather our hands when it's cold in early winter
with a warm smile in your eyes
Dawn that brightens my heart
A new dream to breathe with the wind

Today, the light of love is like a bonfire in the sky
Warmness, the warmth that blooms in red, red, and yellow
layers of snow
Dawn that brightens my heart

결혼식

주름진 두 곡선이 휘감아 올려져
하나의 길을 내어놓으면
맞잡은 두 손은 하나의 합이어라

주름주름마다 영롱하게 빛나는 햇살 아래
머리를 조아려 맞닿은 머릿자락
서로 피어나는 맑은 미소는 한 자락 빛의 합이어라

내려지는 빛줄기에 사방이 밝게 비추니
너와 나 한마음이 되어 흐르는 물결
넓은 길에 은모래 깔려놓은 듯
둥글둥글 굴러가서 해맑음의 빛이 합으로 피어나리

「조카 결혼식장에 드리운 커튼 곡선의 빛이 두 선남선녀의 앞길을 내어놓은 듯이 아름다워…」

A wedding ceremony

Two wrinkled curves are rolled up
If you make a path
The two hands you hold together are one

Under the sun that lights up each wrinkle
head to head
A clear smile is the unity of light

a beam of light shining in all directions
You and I are one and flowing waves
Like the silver sand on the wide road
Roll and the bright light will meet as one and bloom

「The light of the curtain curve at my nephew's wedding is as beautiful as if it has laid the way for two beautiful men and women…」

고향

돌담길 담장 장독대에 속이 빈 고염나무
할머니가 떠놓은 정화수에 순이 움트고
고향 논두렁길 내어달려 멱 감던 벗
벼락밭골에서 해질녘 서로서로 만나지려나
나 오늘 여기 서 있네

달밤 깊은 줄 모르고 그림자밟기에 시간줄 넘기고
아침 햇살 오르면 냇가에 멱 감자고 소리치고
원두막 숨어들어 참외 수박 따들고 냅다 달리면
이놈들 헛웃음 소리에 숨 졸이며 냇가에 숨어들고
벼락밭골에서 해질녘 서로서로 만나지려나
나 오늘 여기 서 있네

솔씨가 빙글빙글 돌아 바랑개비 되어 앉아 숨어들고
송진 깎어 먹어가며 팽이 깎어서 노닐던
냇가에서 멱 감다 지치면 술래잡이 하던 벗
벼락밭골에서 해질녘 서로서로 만나지려나
나 오늘 여기 서 있네

고향길 떠나 새길 새롭게 변화의 시대
학습되고 학습되어 존재감 드러내려
시, 분, 초까지 쪼개어 살아야 성공이라 하던 시절
남겨진 것 없이 헛손길로
벼락밭골에서 해질녘 서로서로 만나지려나
나 오늘 여기 서 있네

숨 가쁘게 길 위에 내어진 그림자의 길
가지려 하나 가져진 것 없이
내어놓으려 하나 내어놓을 것이 없어
가진 것은 시간이라는 길 위에 놓여진 세월뿐
벼락밭골에서 해질녘 서로서로 만나지려나
나 오늘 여기 서 있네

One's native place

a hollow tree by a stone wall
Fresh sprouts bloom in the clean water that my grandmother floated
A friend who jumped rice paddies and played in the water in his water
I wonder if we can meet at Byorakbatgol in the evening
I'm standing here today

I don't know how much time flies because I'm playing shadow stepping on a moonlit night
When the sun rises in the morning, they shout to play in the stream
I hid in the cabin and ran with a melon watermelon
We're holding our breath in the stream at the sound of scolding "These guys!"
I wonder if we can meet at Byorakbatgol in the evening
I'm standing here today

The pine seed spins and sits on a pinwheel and hides
I ate pine nuts and grew tops

A friend who played hide-and-seek when he was tired
while playing in the water by the stream
I wonder if we can meet at Byorakbatgoll in the evening
I'm standing here today

A new road away from home, an era of new change
It was a time when you said that you succeeded if you split the time, minutes, and seconds to reveal your existence through repetitive education
without leaving anything behind
I wonder if we can meet at Byorakbatgol in the evening
I'm standing here today

a breathless path of shadow on the road
I try to have it, but I don't have it,
I'm going to let go, but I have nothing to let go of,
All you have is the time that lies on the path of time
I wonder if we'll meet each other at nightfall in Byorakbatgol
I'm standing here today

그리움

아침 햇살이 문틈으로 밀려와 인사할 때
한동안 보지 못한 벗의 모습
바람에 구름이 밀려들어
내 방 안에 가득히 차오르고
머언 곳에 있는 벗에게
내 마음 담아 가겠노라고 기다리는데
한동안 함께 머물러 있다가
그 머언 곳에 마음의 동아줄만이 출렁이네

Longing

When the morning sun comes through the door and says
hello
It's been a while since I've seen a friend
The wind pushed the clouds in
It fills my room
To a friend in the distance
I'm waiting to go there with my heart
We've been together for a long time
There's only a rope in my heart far away

그림자 벗의 길

삶의 빛이 드리워진 길 위로
그림자가 벗이 되어 걸어가는 길

가을 들녘에 풍요로이 채움과 비움
붉어진 나뭇잎처럼 아름다운 삶의 길

영혼이 물들은 햇살처럼 그림자 벗과
당신 사랑의 햇살이어라

The path of shadow companionship

On the road where the light of life is cast
the path of the shadow as a friend

Filling and emptying with abundance in the autumn fields
a path of life as beautiful as a red leaf

Like the sunlight colored by the soul, shadow friend
It's the sunshine of your love

그림자의 길

빈손으로 벗겨진 채 밀려 나와
움켜잡을 것 없이 내어져 울부짖던 날
손바닥 펴서 땅을 짚고 뒤집고
무릎을 조아려 기어가다 서던 날
일어서서 발바닥으로 땅이 꺼져라 날뛰고
두 손 움켜잡고 뛰어다니던 그 시간
티끌 모아 태산같이 쌓아 올려놓았노라
오늘 가던 길은 땅을 쓸고
오는 그림자의 길이어라
내어진 것 없고
쌓여진 것 없는
빈손으로 흐르는
바람의 길이어라

The Path of Shadows

I'm being pushed away empty-handed, naked
There's nothing to hold on to, the day I cried out loud
The day I stood up while crawling on my knees with my palms open, hands on the ground, and my hands turned upside down
I stood up, ran around like the ground was breaking, and ran around holding both hands
I collected a lot of dust and piled it up
Today's path is the path of shadow that sweeps the ground
There's nothing to offer and nothing to stack,
flowing empty-handed
It's the way of the wind

기다림의 시간

만남은 기다림의 시간
보이지 않는 그곳에 네 모습
마음은 서로를 바라보고 있네요

시간이 흘러 흘러 마주 앉을 때
긴 겨울 이야기를 안주 삼아
봄을 이야기하자구요

A time of waiting

Meeting is a time of waiting
You're in the invisible place
Our hearts are looking at each other

When time passes and we sit face to face
with a long winter story as a side dish
Let's talk about spring

기도

길이요. 진리요. 생명이신 분께서
오늘 저의 안에 머무르시어
당신 품 안에 제가 머무르게 하소서

먼동이 밝아오는 아침
어둠 속 빛이 비쳐오니
실낱같은 빛을 따라가고 있는 저에게
그 길에 빛으로 오시어
제 눈을 밝혀 주소서

밝아 오르는 불빛이
저의 어둠이 되지 않게
작은 빛이 큰 빛이 되어
마음으로 피어나 나눔의 길
빛으로 저를 이끌어 가소서

「유전적 질환인 돌연변이성 각막내피 이상증으로 시력이 저하되어 있을 때, 각막을 이식받을 수 있다는 기쁨에 드려진 기도」

A prayer

There's a man in me today who's the way, the truth, and the life
Let me stay in your arms

a long morning
Light shines in the dark
I'm following the thread of light
Come to the light on the street
Please open my eyes

So that the bright light doesn't become my darkness
A path of sharing in which a small light becomes a big light and blooms with the heart
Lead me to the light

「Prayer given to the joy of receiving corneal transplants when vision deteriorated due to abnormalities in the endothelium, a genetic disease」

나

마음의 빛이 몰려올 때
나는 저 산 너머 골짜기에 숨었네
가슴으로 햇살이 밀려들 때
나는 세상 토굴 속으로 숨어들었네
겉모습에 산 너울 빛이 비쳐올 때
나는 지평선 너머에 머물러 있었네
어둠이 밀려오고 눈으로 볼 수 없을 때
나는 참빛을 찾아 나서네

I

When the light of my heart came
I hid beyond the mountain into the valley
When the sun comes into my heart
I was hiding in a tunnel
When there's a mountain of light outside
I stayed beyond the horizon
When darkness comes and you can't see it with your eyes
I'm trying to find the real light

나의 길

미로 속에 피어난 난꽃의 향기에 길을 찾아 나서니
향기가 바람결에 흐르다가 줄기에 쉬어가
내어지는 물길 따라 흘러가는 것이 나의 길인가

없이 와서 없이 살다가 없이 가는 길
무엇을 그리도 움켜잡으려 했던가
달빛이 흐르는 구름처럼 흘러가는 것이 나의 길인가

나를 존재하게 하고 내 안에 존재하는 그분께
내어 맡기고 물이 흘러가듯이
내어진 나의 길이 나의 길인가

My way

I found my way along the scent of flowers blooming in the maze
The scent flows through the wind and is placed on the stem
Is it my way to run along the water

Everyone comes with nothing, lives with nothing, goes with nothing
What was I trying to grab like that
Is it my way that the moonlight flows like a cloud

Is the path that makes me exist and that exists in me and flows like water my way

내일의 빛을 본다

흐트러지고 꼬이고 뒤틀려
내어진 아침의 출근길

이리저리 뛰어들어 비집고 가다 보니
삶의 길 새들의 흐트러진 오염물

삶은 채워져 가지만
남겨진 그림자로 흐르는 구름

바람결에 구름은 흘러흘러 가고
새로 비쳐오는 빛 가운데 드리운 그림자

기쁨으로 돌아온 안식처
깊은 잠 속에 내일의 빛을 본다

See the light of tomorrow

On my way to work in a messy, twisted morning

I ran around and squeezed my way
The way to life is the dirty pollutants of birds

Life is being filled
clouds flowing into the shadows left behind

The wind blew the clouds away
a shadow cast by a new light

a resting place for joy
I see the light of tomorrow in my deep sleep

늙은 전기로 보수

오랜 세월 요란을 떨던 전기로
아크 소리 멈추어 고요한 적막이 흐르는 시간
마음은 고요를 뛰어넘어 몸은 요동을 친다

소한의 혹독한 찬 바람이 공장 안으로 밀쳐들어
다시 쓸어내리고 다듬고 조이고 붙이며
마음에 밀쳐드는 차가운 아픔에 사랑의 봄눈이 트인다

녹아내리던 쇳물이 멈추고
귀가 멍해지도록 들리던 아크 소리가 멈춘 시간
간간히 추위를 피해 날아들던 비둘기도 없다

웅웅웅 전기의 파장음에 아크의 울음소리
녹아내리려는 고철의 신음소리
회오리치는 은하수 물결
고온에서 발하는 해맑은 빛
낡은 것이 새롭게 태어나
빛으로 녹아내리는 열과 빛이 그립다

몸은 늙고 흙으로 돌아가지만
마음은 새롭게 피어나는 봄꽃
소한 바람에 볼때기는 얼어 트이고

턱없이 바삐 뛰어다니다 굶주린 배
석양 노을이 내려앉은 앙상한 가지
나뭇가지 꺾어 내어
묽은 술잔 휘저어 마시니
솔향이 배어나 봄이 오는 소리

Repair with old electricity

With the electricity that has been buzzing for many years
The time when the sound of the arc stops and the silence flows
The mind beats the stillness and the body shakes

Sohan's harsh cold wind pushes into the factory
Sweep it down, trim it, tighten it, and stick it on
The cold pain that pushes into my heart opens my eyes to spring of love

The melting iron stopped
The time when the arc stopped ringing, which was deafening
There are no pigeons that have occasionally flown in from the cold

The croaking of the arc at the sound of the electric wave
the moans of scrap metal about to melt down
swirling waves of the Milky Way

a bright light emanating from high temperatures
Old things are reborn
I miss the heat and light that melts into the light

The body will grow old and return to the soil
My heart is a new spring flower
My cheeks are chapped because of the winter wind

run about on a hungry ship
the bony branches of twilight
I broke a branch
stir up a glass of watery liquor
smell the scent of pine trees and hear the sound of spring

단풍잎

홍 초록 각시 숨 쉬며 내어놓은 잎새
오색의 갈잎은 바람결에 휘날려 떨어지고
잔디밭에 사뿐히 내려앉아
내일의 길을 내어놓고 쉬어 가는데
삶의 모습은 참으로 짧고 긴 듯
멍에는 쓸쓸함에 감추인 듯 깊어만 가고
버린 것마저 버려지면 새순이 돋아나듯 삶의 봄

Maple leaves

a leaf that breathes out from each breath of red and green
The five colored brown leaves fluttered in the wind
on the lawn
I'm taking a rest after making a path for tomorrow
Life is really short and long
The yoke only deepens as if it were hidden by loneliness.
The spring of life, like a bird sprout when even the things that are thrown away are thrown away are thrown away

담금질

쇠부리 담금질에 두드려짐이
깨어져 떨어져 흩어지고

다듬어진 쇠부리
마음으로 스며들어 길이 되어 흐르네

깨어지고 부서져 내어진
삶의 길에 새순의 숨소리 들리네

Quenching

the iron-beaked quenching
broken apart and scattered

a polished iron beak
It permeates into my heart, and the path flows

broken and broken
I can hear sprout breathing on the way to life

떨어지는 낙엽

가을을 기억하는 시간
낙엽은 떨구어 길을 내어 주고
희미해진 추억 속 당신을 불러 봅니다

당신은 떠났지만
당신은 바람 따라 흘러가는
낙엽 속에 묻혀서 숨을 쉬지요

어두운 밤 별과 달
가을이 깊어가는 밤
당신의 깊은 숨소리에 잠을 청합니다

Fallen leaves

Time to remember autumn
fall into leaves
I'm calling you in a faded memory

You're gone
You're going with the wind
I breathe under fallen leaves

the stars and the moon in the dark night
a deep autumn night
fall asleep listening to your deep breath

목련

촉촉이 젖어 들어 아련한 흰 줄기 목련
움트인 가지에 하얗게 불태워 하얀 꽃잎
꽃봉오리에 솜털을 터트려 숨을 내어놓으니

마음의 봄 길을 담아 봄의 향기를 피워내고
봄 산에 난 길 위로 드리워진 붉은 해무리에 핀 목련
산봉우리에 걸린 구름자락에 이 내 마음의 숨소리

연약한 새순에 피어나는 봄의 향기
봄의 향기에 작은 소망을 담아내어
삶의 행복을 가슴으로 피어나는 목련

Magnolia

Moist and faint white magnolia
White petals are burning white on an open branch
Bursting flowers and letting themselves

You can hold the path of spring in your heart and smell the scent of spring
Magnolia in the setting sun red over the road in the spring mountains
The breath of my heart at the foot of the cloud on the mountain peak

the scent of spring blooming in soft sprout
With a small wish in the scent of spring
Magnolia that blooms the happiness of life in the heart

2장

⋮

본향을 찾아가는 길 / 본향의 길 / 봄비

비움 / 비워짐 / 빈손에 빈 수레

빈 의자 / 삶을 위한 일 / 빗살

삭여지듯 삭여지는 삶 / 삶의 기도 / 삶의 향기

가족공원의 향취 / 삶이 물들어가는 길 / 새벽의 햇살

선인들의 꽃 / 섣달 그믐날 해맞이(31일) / 속앓이

시간 속에 내어진 바람

본향을 찾아가는 길

시간이 흘러 벗어버린 숨소리에 숨이 트이고
헛치레에 부풀려 올린 삶은 헛껍질에 헛새김질
세월 따라 벗겨지고 벗어버려야 본향의 길

일을 즐기며 한가로이 살아가다 내어진 무심한 삶
욕심은 한없이 차올라 포만감이 넘치는데 무지한 허탈감
현란한 세상 삶에 청명한 하늘빛처럼 잔잔히 밀려오는 길

공허한 공간 속에 밀려드는 잡념을 비우고자 하나 비움 없이 고뇌의 속살이네
비움과 채움은 마음의 속살처럼 매만짐도 드러남도 없이 욕심의 번뇌만이 스며드네
일하는 공간의 아크 소리에 녹슬은 고철은 녹아내려 쇳물을 토해내는데
이 내 마음 삶의 길은 어느 세월에 털어내어져 내 본향의 길을 가려나

One's way home

the sound of breathing disappearing over time
vainly inflated hollow shells and fake ruminants
Over time, you have to peel and peel to go home

the indifferent life one has lived
I feel empty because I'm greedy
A hectic world, a path that approaches softly like a clear sky

I want to empty my mind in an empty space, but I don't empty my anguish
Emptiness and fullness are flesh of the heart, and only the anguish of greed permeates, and it is neither smooth nor revealing
Rusty scrap melts into the arc of the workspace and throws up iron
When will I leave this path of life in my heart and go home

본향의 길

삶이 내 안에 머무르면 삶이 살아 숨을 쉬고
내가 삶 속에 머무르고 살아 움직임이 일고
삶이 시간 속으로 흘러 공간에 흘러가는 삶이라

산속에만 길이 있는 것이 아니며
살아가는 곳에도 길이 있고
광야에 나아가야만 길이 있는 것이 아닌
머무르는 곳이 길이 되고
길은 막힘의 길이 아닌 흐름의 길이니
내가 가고자 하는 본향의 그 길은 막힘이 없다

One's way home

If life stays in me, life lives, breathes
I stay in life and live. There's a movement
Life flows into time and into space

There's not only a path in the mountains
There's a way to live
There's no way out if you go into the wilderness
The place where you stay becomes the road
The road is not a path of obstruction, but a path of flow
There is no obstacle to the road to my hometown

봄비

경칩이 오기 전 안개비가 봄비가 되어 내리고
나뭇가지에 움트는 소리가 횃새벽을 깨운
빗물도 깨지고 깨져 곱디 곱디 내리는데
우리네 인생도 함께 걸어가다 보면
오가는 삶 나누고 나누어져 정이 되어 쌓이고
좋은 아침
좋은 날
좋은 일들
좋은 것들을 쌓아가는 삶

A spring rain

Fog and rain became spring rain before the light chip came
The sound of branches woke the dawn
Rainwater breaks and falls gently
If we walk through our lives together
Life goes back and forth, splits, and builds up into affection
Good morning
A good day
a good thing
A life that makes good things

비움

늘 청춘인 줄 알고 가지고 채워가는 길
수많은 고뇌와 고통의 숨 고르는 소리
깊어지는 번민과 아픔의 깊은 숨소리
소솔바람에 주름지면 비워지고 뒤돌아 채워진 길
화사한 꽃들도 소솔바람에 꽃비 되어 내리는데
오색단풍 물들어 가을은 오고
이 내 마음은 깊은 골바람이 불어오고
쓸어내린 가슴에 비어 흘러버리니
오늘 바람결에 비움의 길이 가을이어라

Emptiness

I always think it's my youth and fill it with it'
the breathtaking sound of countless anguish and pain
a deep breath of anguish and pain
A path that is empty and filled when wrinkled in the breeze
The bright flowers are falling down in the breeze
The autumn comes with colorful maple leaves are colored by color
My heart is filled with a deep breeze
It's empty in my swept heart
Today, the path of emptiness due to the wind is autumn

비워짐

항아리에 물이 가득히 차오르면
넘쳐서 흘러가 비워지고 새롭게 채워지고
비워지고 버려져야 차오르고 채워지는 것
없음으로 있어지고 있음으로 비워지는 삶
내 삶도 이러할진대 채워지기만을 바라네

Empty

When the pot is full of water

It overflows, empties, fills up

What needs to be emptied to be filled and filled

A life that exists because it doesn't exist, and empties because it exists.

My life would be like this, but I was just hoping to be filled

빈손에 빈 수레

삶이라고 집어 든 것들
들어내어 놓으려 보니
흐르는 시간 속에 세월의 길

남은 것을 세월 안에 내어 세니
끌어안고 가슴에 움켜잡아도
이 시간 안에 흘러가는 것은 나일 뿐

가지고 가지어도
내어놓고 밀어내도
빈손에 빈 수레

이 내 몸이 지나온 길에 흔적만이 쌓이고
이 내 가슴은 구멍이 나 뒤틀어지고
난 구멍으로 바람의 흔적

Empty hands and empty carts

It's called life, and when I tried to take out the things I had in my hand
There's life in the flow of time

Counting the rest of the years, cuddling and holding onto them
The only thing that flows through time is myself

Even if you take it and take it
Even if you give and push
empty hands and empty carts

There are only traces of my body on the way
There's a hole in my chest. It's twisted
a trail of wind through the hole

빈 의자

집 안 창문 너머 산자락에 놓인 빈 의자
빈 의자에 앉아서 바람 따라 먼 곳을 바라보며
누군가를 기다리듯이 구름 흐르듯 넋을 놓고 앉아 있는 이

빈 의자에 풀이 자라고 들풀에 꽃이 피어
흰 나비가 날아들어도 보지도 않은 채
앉아서 누군가를 기다리는지 먼 능선 자락만 바라보고 앉
아 있는 이

내어진 삶의 흐름에 흘러가 비어진 빈 의자
피어나는 풀꽃 향기에 나비가 날아들은 빈 의자
삶의 향기에 꽃이 피어나기를 기다리며 앉아 있는 이

산자락 너머의 길이 보이지 않아 산길 빈 의자에 앉아
내어진 삶의 향기가 바람결에 들꽃향기에 담겨 흐르는 이
삶이라는 삶의 언덕길을 오늘도 가파르게 오른다

An empty chair

an empty chair at the foot of a mountain over a window in the house
Sitting on an empty chair, looking far away with the wind
Sitting as if waiting for someone, like a cloud

The grass grows on the empty chair and the grass grows on the grass
A white butterfly flies in and doesn't even see it
He's sitting there waiting for someone. He's looking at the edge of the ridge

an empty chair that flows into the stream of life
an empty chair with butterflies flying in the scent of blooming grass flowers
A person who sits waiting for flowers to bloom in the scent of life

I can't see the road beyond the foot of the mountain, so

I'm sitting on an empty chair

The scent of life that flows through the scent of wild flowers in the wind

I'm going up the hill of life again today

삶을 위한 일

어제도 오늘도 내일을 위해 뛰어가다 보니
흐르고 흐르는 땀은 냇물이 되어 골을 타고
흘러내리어 옷자락을 적시어
꽉 막힌 틈새에 선풍기 바람이 몸에 부딪혀
더운 바람만 옷자락에 머물다 흐르네

두 알의 식염포도당을 먹어가며
내 몸의 삼투압을 유지하고
한 모금의 물마저 땀이 되어
옷자락을 적시어 흐르고
용강을 보고는 레들을 확인하고
움직이는 길에 바람만이 머물다 흐른다
작업복 등짝에 허연 줄 그으며
땀자락이 바람결에 흐른다

이 길이 시간 틈에 세월의 줄이 되어 흐르는 오늘도
등짝에 삶의 소금꽃이 피어 바람결에 흐르는 오늘도
삶의 향기가 겹겹이 쌓이는 하얀 꽃이 피는 오늘
삶을 위한 노동자의 삶의 꽃이 핀다

Work for Life

As I ran for tomorrow yesterday and today
The sweat that flows and flows becomes a stream and goes through the valley
It's dripping. Wet your clothes
There was no gap, so the wind from the fan hit my body
Only the hot wind stays in my clothes and flows

Eating 2 Glucose Candies
It keeps my body's osmotic pressure
Even a sip of water was wet with sweat
It drops the hem of your clothes
Look at the molten steel and check the ladle
Only the wind stays and flows on the road
I drew a line on the back of my work clothes
Sweat is flowing in the wind

Even today, when this road becomes a line of time
The salt flowers of life blooms on my back and flows in the wind today, too

Today, when white flowers are blooming, the scent of life is piled up

The flower of a worker's life for life blooms

빗살

허공을 가르는 찬 바람은 가슴으로 스며들고

내리는 빗살은 내 옷자락을 촉촉이 스며든다

흐르고 흘러내리는 이 빗살이 내 삶이런가

가슴으로 젖어 들어 마음으로 흐르네

Rain streak

The cold wind that cuts through the air permeates my heart

The falling rain permeates the hem of my clothes

This dripping rain streak is like my life

It permeates my chest and flows into my heart

삭여지듯 삭여지는 삶

삭이고 삭이니
삭여서 삭여내니
내 삶 안에 나이어라

삭이고 삭이니
삭여서 내어진 길
내 안에 나 담아내니
내 삶 안에 나이어라

등지고 척지자 하니
싫다 싫다 노랫소리에 귀를 담아
너와 나 넘어진 담벼락 뜰 안
내 삶 안에 나이어라

내 살아가며 삭이고
삭아지고 삭아져
남아도는 것 없으니
내 무덤 또한 삭여져 없으리라

A life of swallowing and swallowing

Swallow it, Swallow it
By swallowing Swallow it
I'm myself in my life

Swallow it, Swallow it
a path made by swallowing
Putting myself in my heart
I'm myself in my life

turn backs on each other,
hear to the song 'no, no'
Inside the garden where you and I fell down
I'm myself in my life

Swallow it in my life
Swallow it, swallow it
There's nothing left
My grave will be swallowed up, and nothing will be left

삶의 기도

어려서는
무엇을 먹을까
무엇을 마실까
무엇을 행할까
두려움이 없는 삶을 주소서

커서는
어느 곳에 가더라도
어느 곳에 머무르고
어느 곳에서 일을 행하더라도
두려움이 없는 삶을 주소서

어른이 되어서는
화폐가치로부터의 자유로움
선물가치로부터의 자유로움
쓰여지는 기기로부터 자유로와지는
두려움이 없는 삶을 주소서

나이가 들어서는

빈손으로 왔으니
빈손 적 삶을 살다가
빈손으로 가는 길에
두려움이 없는 삶을 주소서

누워 쉬기 전 삶의 길에
나를 존재하게 하신 그분께서 보내신 분
보내신 그분께서 나에게 보내어 주신 분
내게 오신 분께서 나의 길에 동행자 되어 주시고
두려움이 없이 살아가게 하셨으니 감사합니다

A prayer of life

When I was young
    What should I eat
    What should I drink
    What am I supposed to do
Give me a life without fear

When I grow up
    Wherever I go
    Wherever I stay
    No matter where I work
Give me a life without fear

in one's
    freedom from the value of money
    freedom from gift value
    free from the device in use
Give me a life without fear

in old age

I was born empty-handed
I lived empty-handed
on one's way out empty-handed
Give me a life without fear

Before I lie down and rest, on my way of life
Who someone sent me by the person who made me exist
The one who sent him to me
The one who came to me was my companion on my way
Thank you for letting me live without fear

삶의 향기

연초록 순으로 피어올라
바람 흐르듯이 빛으로 내려앉아
해맑음의 잎새는 한 점 구름

구름이 흐르듯이 파란 빛줄기
내 젊음이 가는 길에 만나
함께 벗이 되어 가는 벗

색색의 갈잎은 가로등 불빛에 익어
오가는 이들 색색의 벗이 되어
오색 삶의 향기로 피어나

오색의 갈잎향기에 취하여
머금은 한잔 술잔에 내 삶을 내려놓으면
삭힘의 시간이 삶의 봄향기

The scent of life

Blooming sprout of light green
down with light like the wind flow
A leaf of bright is a cloud

blue light like of cloud flow
meet it on my youth's way
become friends and go together

Colorful brown leaves ripen by streetlight
We're friends of all colors
Blooming with the scent of life in five colors

intoxicated by the scent of five colored leaves
put my life down in a glass of alcohol
Time of patience is the scent of spring in life

가족공원의 향취

세월의 흐름이 둥글둥글 흐르고
내 마음도 둥글둥글 구르듯이 흐르고
떠오르는 달도 둥글둥글 흘러가더라

칠흑 같은 어둠속 달빛 따라 가던 길
무덤가에 핀 아카시아 꽃향기에 취하여
이 내 몸 숨소리 깊어져 쉬어가자 하네

바람결에 이는 풀섶의 향취 스며들고
누운 자들의 안식을 기원하며 앉아
이 내 몸도 뉘여서 소리를 듣는다

이 내 몸의 향취에 몸의 향기를 내어
바람결에 편안한 안식을 기원하며
보름달 이는 바람결에 실려 보낸다

The scent of a family park

As time flows like a circle
My heart flows like a circle
Even the rising moon goes round like a circle

The road that followed the moonlight in the pitch-dark darkness
intoxicated by the scent of acacia flowers blooming by the grave
My body's breathing gets deeper and want to take a break

The scent of grass on the wind permeates
Sitting down to pray for the rest of those who lie down
My body is lying down and listening to the sound

Take the scent out of my body
Wishing a peaceful rest in the flow of the wind
Send it away in the wind of the full moon

삶이 물들어가는 길

버려진 갈잎이 떨구어진 씨앗을 품어 삭이듯
나무는 앙상함에 바람의 쉼터
비워진 공간에 숨소리마저 내려놓고
무거워진 제 몸 추슬러 세우듯
삼혼칠백에 마음이 용용하게 흐르니
빛이 스며드는 황홀한 빛깔로
삶이 물들어가는 길

The path of life

Like a fallen brown leaf holding a fallen seed
A scrawny tree is a shelter of the wind
Putting down the sound of breathing in an empty space
As if lifting up heavy body
Heart flows quietly and calmly with soul
with a color of ecstasy permeated by light
the path of life

새벽의 햇살

어둠의 길 가로등 불빛이 하늘의 별을 가리고
고층 건물의 불빛이 능선을 가려 선을 드리우고
사람은 오가는데 외로움에 시려오는 겨울바람
바람은 나뭇가지에 깨져서 흩날리고
휘날리는 머리채는 가로등 불빛에 빨려 들어가니
새벽의 햇살을 기다리며 이 가던 길을 간다

The dawn sun's rays

Streetlamps cover the stars in the sky on a dark road
The lights of the skyscrapers cover the ridges and draw lines
The winter wind is cold because I feel lonely even though people come and go
The wind broke on the branches and flew away
The fluttering hair gets sucked in by the lamppost light
I go on my this way waiting for the dawn sun

선인들의 꽃

달빛이 창틀에 내려앉은 밖 뜰에
붉은 동백꽃이 달을 머금고 피어
깨끗함을 어둠에 흩날리고

흩날리는 향기는 가슴에 새겨진
세월 속 남겨진 선인의 삶이런가

바람결에 떨어트린 꽃잎에 흘린 피
꽃봉오리는 삶을 통째로 내려놓음의 삶

물결처럼 흩날리는 잎새의 청춘
삶 속에 남겨진 선인의 꽃향기 피어나네

The flower of ancestors

In the garden outside where the moonlight fell on the window frame
Red camellia flowers bloomed with the moon
The cleanliness is scattered in the darkness

The flying scent is engraved in my heart
the life of ancestors left in the years

the blood on the petals dropped by the wind
The life of a bud is a life of letting go

the youth of a leaf that flutters like a wave
The scent of the ancestors left in life is blooming

선달 그믐날 해맞이(12월 31일)

오고 가는 해를 내 어이하리
내어진 삶의 길 위에 주어진 길
나의 길에 왔다가
나에게 머물러 있는 길
바람결에 흐르듯이 가버리는 길

가는 해 덧없다 말하지 말고
달밤 구름 흐르듯이 보내주고
오는 해 버선발 앞세워
기쁨으로 바람결에 흐르듯이 맞이하리
오늘 나의 길에 주어진 삶의 길

올 한 해 쌓여진 담 털어내고
바람 흐르듯이 가는 해 보내

함께할 인연 담아내어
해오름에 올려놓고
오는 해 그대로 맞이하여
흐르는 빛에 실어내어

오늘이란 이 시간
새 삶의 길 내어놓고
오늘이기에 설렘의 시간
종각의 종소리 바람결에 들리니
오늘 이 시간 벗이 되어
하나의 빛이 마음결이 되어 흐르네

New Year's Eve (December 31)

The years that come and go will come and go
The path given on the path of life
I came to my way
The path that stays with me
a path that flows in the wind

Don't say that the years are going away
let go like a flowing cloud at night
To meet the coming year
I will greet it like the wind with joy
The path of life given to me today

get rid of all the burdens from this year's
spend the past year like a wind

I'll put the fate that share with
and put it on the sun rise
in the coming year
in the flowing light

At this time of the day
I'll make a new way of life
Today is a time of excitement
Can you hear the bell ringing in the wind
Being friends at this time
A light flows through my heart

속앓이

세월사 아픔이
한잔 술의 깊이만 하랴
흐르고 흐르다 보니
잔잔한 물결이 호수이어라

이 세월 속에
이 내 몸 내어 놓으니
내 맘 내 속 한잔 술에 휘져서 넘겨
이 세월 속에 담아갈 뿐이어라

흐르는 세월 속내에 머물러 있음은
내 안에 세월이 있음이어라

Heartache

The pain of life
won't taste as bitter as a glass of alcohol
As it goes by and by the way
The calm waves are like a lake

In this life
I'm going to let myself go
I'm going to stir it up with a glass of wine
Let's just keep it in these years

Staying in the flowing time
That means there is a life in me

시간 속에 내어진 바람

땀 자락에 바람이 지나가니
잎새만이 나인 줄 알고 쌓이네

산자락 달려가며 얻은 것은
바람결에 흩날려 외진 곳에 쌓이는 먼지뿐

모두 가진 듯이 쌓였기에 몸을 틀어 바라보니
지나간 시간 속에 내어진 바람이어라

취하듯이 잃어버린 풀 향기처럼
이 내 마음 잎새에 실어 내어놓는다

The wind in time

The wind is passing through my sweat
The leaves are piling up wondering like me

What I got from running at the foot of the mountain
It's just dust that's scattered by the wind and accumulates in remote places

It's piled up like have everything, so I turned around and looked at it
It's the wind that blows in the past

like lost grass scent of grass with drunk
I'll put my heart out on this leaf

3장

⋮

시간

시계바늘이 돌지 않아도 시간은 흘러가고
바람결에 구름이 흘러가도 세월은 나에게 손짓
초록의 나무에 이끼 솔솔 끼더니
숨소리 가쁘게 차오르는 것은 세월뿐
가진 게 가진 게 아닌 삶의 시간
없는 것이 없는 것이 아닌 오늘의 길
마음으로 새긴 이 길을 가보련다

Time

Even if the hands of the clock don't turn, time goes by
Even if the clouds flow in the wind, the years beckon to me
He's got moss on the green tree
Time is the only thing that makes me gasp
Time of life may seem to I have, but it's not
Today's path may seem like it doesn't exist, but it's not like it doesn't exist
I'll take this path that I've carved in my heart

시간의 매듭

시간 줄에 가두어 두었던 삶
오르는 길에 내어진 시간의 끈
엉긴 시간의 매듭에 허덕이며 지나온 삶의 세월
저 멀리 희미한 빛 희망의 줄
엉긴 매듭은 세월이라는 줄에 풀어져
오늘이라는 꿈이 내 곁에 서 있다

The knot of time

a life locked in a line of time
a rope of time on one's way
the years of life that have passed by struggling with the knot of tangled time
a faint ray of hope in the distance
The knot comes loose on the line of time
Today's dream is standing next to me

시간의 줄

가는 세월이야 보내면 되지요
오는 세월이야 맞이하면 되고요

마음도 흐르는 구름에 흘려보냈는데
밀려오는 바람결에 떠난 마음마저 밀려오네

아침에 밀려오는 햇살에 마음 담아
비워놓고 비워지면 시간줄에 날 걸어 놓고

세월마저 가는 길에 쉬었다가 가라면
세월의 길에 걸어놓고 걸어가리라

A line of time

We just have to let go of the years go by
We can welcoming the coming years

I let my heart flow through the flowing clouds
With the wind coming in, even the heart that left is coming in

With my heart in the morning sun
Leave it empty, and when it's empty, hang me on the timeline

If time tell me to take a rest on my way
I'll hang it in the path of time and walk away

心淵 (마음의 깊은 못)

지평선이 보인다기에 나선 길
산자락에 가리워져 보이지 않으니
다 왔노라 이 길을

心淵이 내어진 길 어디인가
굴곡진 삶 앞에 보이지 않으니
이루어진 오늘의 이 길 이 시간뿐

산자락에 오르니
지평선은 더 멀어져 보이지 않고
굴곡진 삶을 벗어나
돌고 돌아 다시 매어진 굽은 매듭의 고리

힘들고 지쳐서 넘어져 가는 길
지평선 너머에 보이는 빛
매어진 매듭은 풀려서 바람에 휘날리고
공허함 속에 다가서 오는 평화의 숨소리

Abyss

The road to see the horizon
I can't see it because it's hidden in the foot of the mountain
I've come to the end of this road

Where is the abyss
I can't see it in a tough life
The only thing that has been achieved is this path and this time

When I climbed the foot of the mountain
The horizon is further away from view
out of a tough life
a loop of bent knots that has been re-tied around

It's hard and exhausting, and I'm on my way to fall
the light beyond the horizon
The knot comes loose and the wind blows
the breath of peace approaching emptiness

어둠 속 고요한 침묵

바람이 흐르는 물가에 침묵이 흐르고
고요히 물기를 머금은 초록 돌이 보석처럼 빛이 깨진다
물결이 부서져 이는 물길에 바람이 침묵 되어 흘러
고요한 은빛 물결이 보석처럼 빛을 내어 구름으로 피어오른다
구름이 바람에 흐르고 흘러서 맑은 햇살이 대지에 스며들면
어둠 속 고요한 침묵은 삭여져서 침묵 중에 고요한 숨소리에 꽃의 향기 날리네

A still silence in the dark

Silence flows through the waterside where the wind flows
The light breaks like a jewel on a green stone wet. with silence
The waves break, and the wind becomes silent in the waterways
Silent silver waves glow like jewels and rise into the clouds
When clouds flow in the wind and the clear sunlight permeates the earth
Silent silence in the darkness ripens, and in the silence the scent of flowers flies with the sound of silent breath

어둠 속 작은 불씨

어두움에 밀려오는 산자락에 작은 불씨
빛으로 산자락 길을 바람결에 내어주고

방안에 드리운 불빛이 흐르는 소리
내어지는 마음은 산자락으로 흐르고

바람결에 맞물린 빛의 물결은
세월을 안아 삶으로 흐르는구나

풀어지는 삶의 무지 속에 흐르는 달빛처럼
삶의 길에 빛이 피어나면 님은 오시려나

A small spark in the dark

a small spark at the foot of a mountain in the dark
Give the path of the mountain to the wind with the light

the sound of light flowing through the room
My heart flows to the foot of the mountain

The waves of light meshed with the wind
It flows into life with time

Like the moonlight that flows in the ignorance of life that come untied
Will you come if light shines on your way to life

단풍

푸르기만 하던 나뭇가지에 태풍이 지나가고
건들바람에 갈잎은 옷을 갈아입고 내리는데
늙어감은 잊어지고 청춘인 줄 채워가기만 하니
들이밀고 다가오는 고뇌와 고통
소솔바람이 지나가면 내려지려나

한여름 한껏 자태를 뽐내며 화사하게 피어있던 꽃
소솔바람 앞세워 사뿐사뿐 꽃비 되어 내려앉아 길을 내어
놓고
오색의 붉은 단풍 고운 빛이 눈부신 가을날
내려진 이 길을 걸어서 오실 분을 기다리며 내려놓으리

Autumn leaves

A typhoon passed by the branches that were only green
In the wind, the leaves change cloths and get off
Forgetting about getting old and filling it up thinking it's youth
the agony and pain that comes at hand
Will it step back when the breeze passes

Flowers that bloomed brightly in the middle of summer
With a gentle breeze, it gently falls down as a flower rain and makes a path
a bright autumn day with five colors of red and autumn leaves
I'll put it down waiting for someone to walk down this street

우물물

우물 안에 파란 하늘에 내 얼굴 묻어나고
우물물도 맑고 파랗게 하늘이 담기면
맑고 파란 내 마음도 묻어서 담기고
한 움큼 물 자막질에 하늘이 담겨 올라온다

우물가 영롱한 빛이 물들은 꽃잎이 물 위 화첩 길
우물물에 무지개 빛깔 꽃잎이 하나 가득히 담기어
한 움큼 물 자막질에 뒤섞여 무지갯빛 해맑은 꽃잎이 올라
온다

한 모금 들이킨 물 한 모금에 하늘이 담기고
두 모금 마신 물에 해맑은 꽃잎이 하나 가득히 넘겨가니
비바람이 불어 내 마음 담아가
모든 것을 담아가도 우물이 솟아오르듯이
이 내 마음도 흐르듯이 채워지려나

Well water

My face is reflected in the blue sky in the well
When the sky shines clear and blue in the well water
I can see my clear blue heart there
When I take a handful of water, I can see the sky

The bright petals of the well put a flower cupboard path on the water
The well is filled with rainbow-colored petals
I took a handful of water and found a rainbow of bright petals

A sip of water is filled with the sky
Two sips of water filled with bright petals
The wind and rain carry my heart
Like a well rises even if you scoop everything up
Will my heart be filled like it flows

익어가는 세월의 시간

매미 매암 소리에 세월의 시간을 담가두고
한 시간 한 세월
함께 머물며 살아내 온 겉과 속
햇살이 따갑게 익어가는 빛의 시간

산자락에 갈잎이 떨어져
계곡의 물이 마른다고
이 내 마음마저 마르니
세월의 골이 깊어
나와 나 만남의 시간 골
내어진 삶의 골은 어디메인가

산자락 길가 대추 감 익어가듯
내 안에 내 심연의 외로운 고통의 번뇌 속
내 심연 밖에 내 마음을 내어놓고
바람이 흐르는 곳에 몸과 마음 내어놓니
한세월 흘러가듯이 살아나 보자구나

Life time to ripen

The sound of cicadas will capture the time
An hour, a life
the outside and the inside that we've been living together
The time of light when the sun is burning hot

The leaves fell at the foot of the mountain
The water in the valley is dry
Even my heart dries up
The valley of time is deep
The valley of time that I and I meet
Where is the valley of life

As jujubes and persimmons ripen at the foot of the mountain
In the anguish of the lonely pain of the abyss in my heart
I put my heart out outside my abyss
I put my body and mind where the wind flows
I'll live my life as if it's passing by

정

검붉은 노을에 세월이 접하여 내려놓고 간 길

출근길 내려진 봄비는 마음으로 내려 젖어

가지에 흘러들어 움틔우는 소리가 곱디 곱디 흐르고

우리네 삶도 내려가듯 걸어가다 보니 정이 쌓여 흘러가네

Affection

The road where time approached and left in the dark red sunset

The spring rain on my way to work is wet in my heart

It flows into the branches, and the sound of the movement flows finely

As we walk down the road of life, we're so attached to each other

정월 대보름 달

어둠속 달무리에 빛이 차오르고
구름 주머니에 복이 차오르듯이 흐르네

텅 빈 구름도 바람결에 흐르듯이 흘러
어둠은 구름처럼 흘러내려 아침을 여네

가득히 채워진 달구지는 휘청거리며 가고
빈 달구지는 덜컹덜컹거리며 채워지네

아침 새소리 들으며 길을 걸어
바람결에 흐르는 봄향기로 비워내리

The full moon of the first lunar month

The moonlight rises in the dark
It's like a cloud's pocket is filled with luck

Like an empty cloud flowing through the wind
Darkness flows down like a cloud and opens the morning

The cart that's full stumbles away
Empty carts are filled with a rattling sound

I walk down the street listening to the morning birds chirping
It empties through the scent of spring that flows through the wind

지평선에 드리운 섬

물결과 하늘이 맞닿은 듯이
파란 물결이 흘러들어 섬자락에 드리우니

오가는 이들의 품새에 세월의 바람이 스쳐
물결이 이는 잎새에 바람으로 흐르네

지난 세월의 긴 물결은 흐르는 바람처럼
흐르는 삶의 무게가 되어 밀려오네

살아온 길이 바람처럼 흐르고
오르내리는 삶의 길에 바람이 되어 흐르네

An island on the horizon

As if the waves meet the sky
A blue wave flows in and hangs it at the foot of the island

The wind of time passes by and flows through the wavy leaves
of the people who come and go

The long waves of the past are the weight of life
like the flowing wind

The path that I've lived flows like the wind
and the path of life that goes up and down flows into the wind

창가에 핀 동백꽃

창가에 드리운 달빛에 동백꽃 잎이
바람에 흩날리며 내 안에 머무르는 세월

내가 내어놓은 끈이 바람에 흘러
물결처럼 흐르니 내 어이 막아서리

벗들과 드리운 세월의 잔이 달빛에
구름처럼 흘러가는 길이구나

내 끈이 다 풀어지면 동백꽃이 피어나
내 깊은 심연의 흐르는 물줄기처럼 님은 오시려나

Camellia flower blooming by the window

The time when camellia leaves fly in the wind in the moonlight
hanging by the window and stay inside me

How can I stop the string I gave you
from flowing like a wave in the wind

The glass of time with your friends
flows like a cloud in the moonlight

When all my strings are untied, will the camellia blossom
and will you come like the flowing stream of my deep abyss

코로나 속에 기다림

내일이면 만나리라
5인 이내 집합 금지
만남은 기다림의 시간
보이지 않는 그곳에 네 모습
마음은 서로의 그리움으로
이미 서로를 바라보고 다가와 있네

시간이 흘러서 마주 앉을 때
긴 겨우내 고립된 너와 나의 이야기
보고 싶은 그리움의 이야기를 안주 삼아
봄의 향기에 너의 모습 다가와 있네

홀로 채워지는 소주잔에 너의 모습 담그고
하늘의 달과 별들 끌어내리어 잔 속에 담아 목 넘김
너를 보고 싶은 마음에 가로등을 바라보니
가로등 불빛에 너의 모습 다가와 있네

어루만지며 깊어진 정감은 잊은 지 오래
서로 흐르던 시간이 멈추고

흐르던 마음이 마음으로 오던 시간
한잔의 목 넘김에 너의 모습 기다림으로 다가와 있네

Longing due to Covid19

I'll see you soon
No more than 5 people
Time to wait for a meeting
You're in the invisible place
Our hearts are filled with each other's longing
We're already looking at each other

When time passes and we sit together
The story of you and me isolated all winter
With the story of missing someone as a side dish
Your image is coming to the scent of spring

I'll put your image on the glass that fills it alone
Dragging down the moon and stars from the sky and drinking it in a glass
I look at the street lamp because I miss you
and I see you in that light

It's been a long time since we've forgotten our deep

affection by caressing each other
The time that was flowing between us stopped
The time that heart was conveyed to heart
After drinking a glass of alcohol, I feel like you're coming to me

평화의 바람

남녘에서 부는 바람은 북녘으로 불어 오르고
북녘에서 흐르던 물결은 남으로 흐르네

텅 빈 들녘 짚둥가리에 둥지를 튼 새무리
바람 따라 무리 지어 북녘으로 날갯짓하네

물결이 흐르고 바람이 흐르는 냇가
세월의 삶 냇가 얼음 속으로 흐르네

짚둥가리에 새봄의 향기가 배어나고
얼음이 녹아 새순이 움트이면 평화의 바람

The wind of peace

The wind from the South blows to the North
The waves from the north flow south

a flock of birds nesting in an empty field of straw
They're flapping their wings towards the north in groups
with the wind

Waves and winds flow along the stream
The time of life is flowing into the ice by the stream

The straw pile smells of new spring
When the ice melts and the buds rise, the wind of peace
blows

패인 길

빗물에 쓸리어 내려가 패인 길
바람이 머물다가 지나가니 빗물이 채워지네
가슴이 패여서 그리움으로 가슴에 새기면
삶의 바람에 삶의 흔적이 쓸려 지워지네
외롭고 고독함에 나를 찾아 나선 길
마음에 이는 숱한 바람결에 패여 나가는 삶
당신을 향한 그리움의 고백이 당신을 향한 사랑

A dented road

a dented road washed away by the rain
The wind stays and passes, and the rain fills the place
after heart dented and longing is engraved in heart
the wind of life wipes away the traces of life
I'm lonely and lonely, so I went out to find myself
a life dented by the wind blowing in one's heart
The confession of longing for you is love for you

해맑음의 길(눈이 온 날 일출)

어둠 속에 영롱한 불빛 따라
하얀 눈꽃송이 날리어
하얀 도화지 길
순백의 눈꽃송이 길
삶의 한 점 길을 내어주는 새벽

겨울 풍경에 시려오는 두 손을 모아
해맑은 눈길을 따사로운 마음에 미소 담아
내 영혼이 해맑아지는 이 눈꽃송이 길
아침에 떠오르는 해를 보며 마음을 담아 흘리리
바람꽃 따라 숨을 쉬듯이 가는 새 길

당신의 사랑의 빛이 하늘의 모닥불처럼
포근히 피어 감싸 안아 주시는 온기
겹겹이 쌓여 있는 이 길 위
내 영혼이 해맑아지는 이 길
아침에 떠오르는 해를 보며 마음을 담아 흘리리

The road of Brightness (Sunrise on a Snowy Day)

Following the brilliant light in the darkness
White snowflakes fly
a road like white paper
a road covered with pure white snowflakes
Dawn paves the way to a point in life

Hold your cold hands together in the winter scenery
Smiling with bright eyes and warm heart
This snowflake path that clears my soul
I will look at the sun rising in the morning and let it flow
there with my heart
A new path that follows the windflowers

The warmth that embraces the light of your love
like a bonfire in the sky
On this road that's piled up
This path that clears my soul
I will look at the sun rising in the morning and let it flow
there with my heart

홀씨앗

홀씨가 날아들어 어둠 속에서 삭여지니
어둠 속 작은 빛이 스며들어 물길이 되어
새 움을 트이고 작은 빛을 바라보는 것 또한 밝음이라

갈대가 바람에 휘날려 쓰러진 듯 넘어져 가는
그 부드러움에 배인 강함이 가슴으로 흐르고
새벽 어스름한 이슬을 머금은 곳에 숨소리 새어 나오고

갈대의 연둣빛 이파리가 흩날리며 바람을 부르네
홀씨가 피우고 홀씨가 흩날려 흘러흘러 날아가
갈섶에 스며들어 긴 어둠 속 잠이 든다

A seed

A seed flies in and ripens in the dark
A small light seeps into the darkness and becomes a waterway
It is also a pleasure to look at the new little light

Like a reed flying in the wind and falling down
A strong force imbued with tenderness flows into my heart
The sound of breathing leaks from the place where the dew is at dawn

The light green leaves of the reeds are flying and calling the wind
The seeds bloom and the seeds flow away
and they permeate the reed forest and fall asleep in the long darkness

흐르는 물결처럼 살아가리라

미로 속에서 피어난 난꽃의 향기
길을 찾아 나서니 삶의 향기라
향기가 바람결에 흐르다가 줄기에 쉬어가니
내어진 길 따라 흘러가는 것이 삶의 길

없이 와서 없이 살다가 없이 가는 길
무엇을 그리도 움켜잡으려 했던 삶
달빛이 흐르는 구름에 흐르듯이

내 안에 존재하시는 그분께서
나를 존재하게 해 주시니
내어 맡기고 살아가리라

Gonna live like a flowing wave

the scent of orchids blooming in the maze
I can smell life when I go out looking for a way
The scent flows in the wind and rests on the stem
It is the way of life that flows along the path

Come with nothing, live with nothing, and leave with nothing
A life of trying to grab something so hard
Like the moonlight in the flowing clouds

The one who exists in me
He made me exist
I'll leave it to him

흐르듯이 가련다

늙어서 피는 꽃이 되어 피고 지고 할 수 있겠냐만
흐르듯이 살다 보면 가는 길에 바람이 되어 흐르니
왜 이다지도 바쁘게 거슬러 오름길에 내림의 길이라
저 바람이 구름에 걸려 흐르듯 빛이 가는 길에 내어놓으리

Gonna go like it's flowing

When you get old, you can't bloom and lose
But if you live like it flows, it flows like the wind on your way
Why is this road so busy going up and down
I'll let that wind flow through the clouds and let it go on the path of light

가로등

오가는 이 없는 길
가로등 불빛은 벗을 기리며
나더러 가라 하네

평행선 길을 달리는 전철
제자리에 멈추듯이 흐르는데
나의 길을 가라 하네

내어진 삶의 길에 벗이 와
구름은 바람에 빛을 내어 봄향기 피어나는데
나의 삶에 벗과 봄 향기에 취해 길을 가련다

A street lamp

a deserted road
The lamppost lights tell me
to go in honor of my friend

a train running on a parallel line
It's flowing like it's stopping
It says to go my way

On the path of my life, my friend comes
Clouds glow in the wind, and the scent of spring blooms
I go my way drunk on my friends and the scent of spring

고뇌

베란다에 앉아 세월을 흘려보내
담배연기에 가슴을 삭이어

전철역에 멈추었다가 굴러가
평행선 길을 내어달려 간다

바람결에 멈추지 않고 달려온 삶의 길
숨소리 없이 드나드는 물결이 삶이라

심연에 깊은 물결에 내어진 삶의 길
고요히 담배연기에 삭아내리네

Anguish

I sit on the veranda and pass the years
My heart sinks with the smoke

Stop at the subway station and roll over
run along a parallel path

The path of life that I ran without stopping in the wind
The waves that come and go without breathing is life

the path of life in the deep waves of the abyss
I'm still smoldering

길

바람결에 흐르는 생각은 길을 만들고

굴곡진 선은 공허한 마음으로 머물다가

길이 되어 흐르는 잔잔한 섶의 흐름

잔잔한 빛의 흐름에 삶이 고요히 흐른다

Way

Thoughts flowing in the wind make a way

The curved line stays empty

the gentle flow of the West as a road

Life flows quietly in the calm flow of light

마지막 선물 김

바오로를 위해 마지막으로 선물을 주는 거야

쓰시마 해류와 제주 해류가 되어 동해와 황해로 흐르는 물

한 줄기로 스며들어 내어지는 바닷물결에 방사능 오염수 합이라

내어진 삶의 길에 두멧-놈 아둔함이 배여 흐르니

내 어이 이 깊은 형아의 속내를 기억하며

내어진 것 없고 헛되어 굴러진

삶의 흐름 속에 숨을 쉬며 살아가리라

Last gift, seaweed

It's the last present I'm giving to Paul

Water flowing into the East Sea and Yellow Sea as Tsushima and Jeju currents

The amount of radioactive contamination that seeps into the ocean

In the path of life, the dullness of the boring flows

How can I remember this deep brother's inner thoughts

rolled in vain without being lowered

Breathe in the flow of life

부활

어둠 속에 한 점의 빛
휘장이 찢어져 내리는 빛줄기
십자가 피에서 내려진 삶
죽음을 이겨낸 당신의 피와 물
삶의 죽음에서 피어나는 꽃
빛이 그리워 이 길에 머물다
그림자를 벗 삼아 가는 길
당신의 무덤은 비워져 있지만
나의 삶의 길에 무게는 채워져 비움이 없고
부활의 빛에 삶의 매듭은 흘러서 비우리

Resurrection

a ray of light in the dark
a beam of light torn between the insignia
Life from the blood of the cross
Your blood and water that overcame death
Flowers Blooming from the Death of Life
to stay on this road for the light
Shadows are friends on the way together
Your grave is empty
My way of life is filled with weight and there is no emptiness
In the light of resurrection, the knot of life flows and empties

삶

기다림에 지쳐 물 흐르듯이 가자 하니
울림의 산자락 메아리 소리 머물다 가라네

내어진 시간은 바람으로 흩날리고
구름은 바람 따라 흘러갈 뿐

기나긴 세월에 나 그 모습 바라보며
한잔 술에 심연의 깊은 숨소리 담아보리

긴 세월이 구름 따라 흘러
삶에 햇살이 비추어 향기로 피어나리

Life

Tired of waiting, I said let's go like water flows
The echo of Woollim's mountainside. Stay and go

The time spent is scattered by the wind
The clouds just flow with the wind

For a long time, I've been looking at that
I'll try to breathe deeply into a drink

Long years go by the clouds
May the sun shine on your life and bloom with fragrance

삼일절 만세 소리

창문 너머 흐릿하게 밀려오는 소리
내 나라 독립의 소리를 가슴으로 담아둔 채
꺼내지 못하고 화석처럼 굳어버린 만세 소리
살아있는 만세 소리에 봄이 오는 삼일절의 빛의 소리
눈물 너머 저쪽 당신의 모습이
희망의 꽃으로 피어나는 만세 소리
눈물을 흘리며 주저앉은 삶이 아닌
자유를 알리는 나팔수가 되어
눈물이 봄꽃향기가 되어
피어나는 봄의 소리
살아있는 만세 소리에 봄이 오는 삼일절의 빛의 소리

The sound of hurrah for the March 1st Independence Movement

a murky sound coming through the window
With the sound of my country's independence in my heart
the sound of hurrah that was unable to be taken out and hardened like a fossil
The sound of light on March 1st when spring comes to
the sound of living hurrah
Beyond the tears, your image over there
the sound of hurrah blooming into the flower of hope
It's not a life where I sat down in tears
as a trumpeter of freedom
Tears turn into the scent of spring flowers
the sound of spring blooming
The sound of light on March 1st when spring comes to
the sound of living hurrah

새싹

어여 가라 어여 가라 빛줄기여
꽃잎은 떨구어 물길을 열고

물길 따라 드리워진 솔가지에
이슬이 청렴하게 맺어지고

이슬을 머금은 연초록
새 움이 트여 푸른 세월의 새길

떠나간 벗이 그리워 초록빛 길에 님을 기다리네

Sprout

Go away, go away, light
The petals drop and open the water

on the branches of the pine tree along the waterway
The dew is formed with integrity

a dewy light green
a new light breaks the green path of time

I miss my friend who's gone, waiting for you on the green road

청연(淸宴)

초록빛 바닷물결이 바람결에
털써덕 털써덕 깨어져 밀려오고

밀려오는 파도 소리에
마음을 쳐올려 훌짝 뛰어올라

파도를 추켜잡고
돌고 돌아 내어진 발걸음

청연의 해맑은 물결이 숨결처럼
첨벙첨벙 부딪쳐 되돌아온다

A clear and clean connection

The green sea waves in the wind
It's broken and washed away

The sound of the waves coming in
I'm going to lift my heart, I'm going to jump up and jump

holding up the waves
a round and round step

The bright waves of a clear and clean relationship, like breathing
splash back

서평

무원 도창회 박사

(동국대학교 전 교수)

시인의 詩는 하나의 꿈이며, 또 하나의 배설입니다.

삶을 통해 무한의 글쓰기와 시작을 하면서 내가 얻은 것은 2천 8백여 자의 장시와 시와의 사랑이었습니다. 이제 생의 하반기에 접어들어 아내도 떠나보내고 나 역시 그다지 건강치 못한 노인이라는 모습에서 좋은 사람, 좋은 글을 만나고 접하는 것이 기쁨이요 감사일 뿐입니다.

늦은 만남이었지만 이한영 시인을 처음 만났을 때부터 글보다 철학적 이미지가 강했습니다. 그러나 그의 시를 접하면서 삶은 짧지만 깊이와 내용이 있어 가까이 다가서는 글이라는 생각이 듭니다. 시인의 시에는 인생의 수고와 고난에 대한 성찰, 그리고 그리움과 사랑이 녹아나 있었습니다.

많은 것을 보는 것보다 하나를 제대로 본다는 자세로 나는 그의 2집에서 "그리움"을 보았습니다.

그리움

문원 이한영

아침 햇살이 문틈으로
밀려와 인사할 때

한동안 보지 못한 벗의 모습
바람에 구름이 밀려들어
내 방 안에 가득 차오르고

머언 곳에 있는 벗에게
내 마음 담아 가겠노라고 기다리는데

한동안 함께 머물러 있다가
그 머언 곳에
마음의 동아줄만이 출렁이네

이 글을 보면서 시인은 그리움을 벗으로 표현하며, 그 마음의 애틋함을 화자로 삼았습니다. 간절한 시인의 마음은 어느 틈엔가 벗과 함께하는 마음과 믿음으로 자신의 삶을 승화하고 있다는 믿음을 가집니다.

이한영 시인의 시가 어느 틈엔가 내 가슴의 그리움으로 피어나는 가을을 바라봅니다.

2023. 9. 13.

그림자와 함께
살아가는 삶

발행일 2023년 9월 15일
발행인 김승호

발행 도서출판 다선
인쇄기획 도서출판 예솔
등록번호 제2002-000080호(2002.3.21)
주소 서울시 마포구 양화로6길 9-24 동우빌딩 4층
연락처 010-2493-2232
E-mail gksh0691@hanmail.net

ISBN 978-89-5916-027-3 03810

문원 이한영의 첫 시집

그림자 위의 길을 걸어가는 자

이한영 지음 | 168면 | 13,000원

다선 추천도서

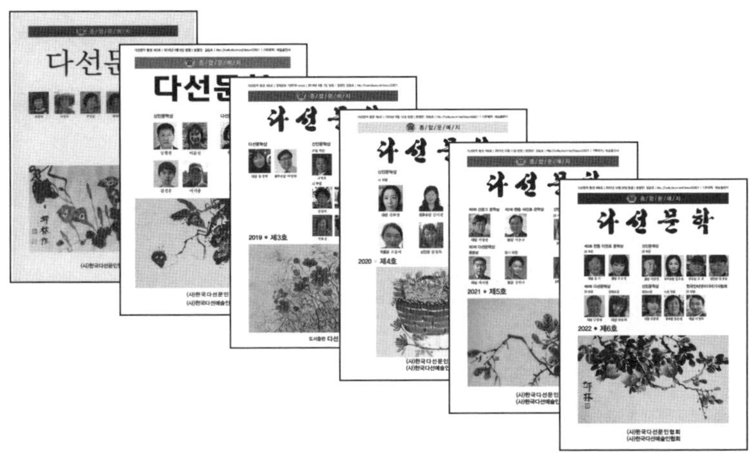

종합문예지 다선문학

(사)한국다선문인협회, (사)한국다선예술인협회 | 발행인 김승호

「다선문학」은 (사)한국다선문인협회의 종합문예지이다. '한국다선문인협회'는 인문학의 발전과 문학의 저변 확대로 한국 문단 부흥의 초석이 되고자 하는 목표를 가진 단체로, 신인작가 양성과 입문의 역할을 담당하는 동시에 기성 문인들의 복지를 향상하고 지위를 공고히 하는 데도 힘쓰고 있다. 「다선문학」에서는 다선문인협회 작가회 회원들의 시와 수필 작품들은 물론 다선예술인협회 작가들의 그림 · 사진 작품 등도 함께 선보이며 다선문학상 당선 작가들의 시, 수필, 평론 등과 초대작가들의 작품들도 만나볼 수 있다.

꽃 시인, 시의 향기를 노래하다

김승호 지음 | 184면 | 10,000원

꽃 시인, 시의 날개를 달다

김승호 지음 | 184면 | 13,000원

꽃 시인, 시의 시간을 되돌리다

김승호 지음 | 200면 | 13,000원

시인 입문편 – 마음으로 쓰는 詩 창작

유경근, 김승호 편저 | 184면 | 13,000원

※ 위 도서는 대형 온라인 서점에서 구매하실 수 있습니다.

너 아니면 나의 이야기

고 호 지음 | 192면 | 15,000원

어머니의 흔적

배애희 지음 | 200면 | 15,000원

기억을 파는 가게

유온유 지음 | 224면 | 15,000원

문원 이한영

작가의 사진 작품

가족 여행

가족 여행

가족 여행

가족 여행

가족 여행

가족 여행

가족 여행

가족 여행

가족 여행

가족 여행

가족 여행

가족 여행

가족 여행

가족 여행